Una clase
normal y corriente

¿Has estado alguna vez en una clase

en la que todos los niños sean rubios, o todas las niñas tengan el pelo rojo? Exploraremos un aula llena de diversidad y unicidad, en la que cada cual tiene características únicas, desde físicas hasta culturales, celebrando la variedad que existe en la vida cotidiana. A través de sus diferencias, se muestra cómo cada uno aporta algo especial a su entorno, haciendo de su clase un lugar normal pero extraordinario, lleno de aprendizaje, inclusión y respeto mutuo.

Valores Implícitos

Una historia que nos invita a mirar a nuestro alrededor y apreciar nuestras diferencias desde la empatía y el respeto, mostrándonos que cada individuo, con sus particularidades y orígenes, aporta valor y singularidad a nuestro mundo. Motiva a los niños a valorar la pluralidad cultural y personal, enseñándoles que en la diversidad y el respeto mutuo reside la verdadera riqueza de nuestra comunidad.

MEVÉS

Una clase normal y corriente

© del texto: Raquel Ochoa de la Cruz
© de las ilustraciones: Nerina Vallejo
© del diseño y corrección: Equipo BABIDI-BÚ

© de esta edición:
Editorial BABIDI-BÚ, 2024
Avda. San Francisco Javier, 9, 6ª, 23
Edificio Sevilla 2
41018 - SEVILLA
Tlfn: 912.665.684
info@babidibulibros.com
www.babidibulibros.com

Impreso en España
Primera edición: diciembre, 2024

ISBN: 979-13-87558-09-3
Depósito Legal: SE 2448-2024

Una clase normal y corriente

Raquel Ochoa
de la Cruz • Ilustraciones de
Nerina Vallejo

A Diana y Dafne, por ser extraordinariamente únicas.

Había una vez una clase normal y corriente.

Tenía sillas, mesas y una pizarra al frente.

Grandes ventanas rectangulares, juguetes,
pinturas, rotuladores y folios en paquetes.

En esta clase tan normal había, como bien podéis imaginar,
niños y niñas de lo más normal; todos tenían algo singular.

No eran orejas de mariposa que les hicieran volar,
ni patas de canguro con las que pudieran saltar.

No os tenéis que preocupar,
era todo muy normal.

En la clase había una niña morena
y un niño que jugaba con la arena.

Dos niños que tenían pecas,
y dos niñas que también.

Una niña que contaba hasta diez,
y otra que contaba hasta cien.

Un niño que nació con frío invernal.

Una niña que nació con la aurora boreal.

Otro que nació en un país muy cálido
y cruzó un desierto muy árido.

Un niño con dos mamás,
una niña que vive con su abuela.

Una niña que tiene dos papás,
y otra que solo tiene una muela.

Una niña que sabe el nombre de todas las flores,
con los ojos verdes como las hojas del abedul.

Y un niño que está aprendiendo los colores,
tiene sus pequeños ojos de color azul.

Dos niñas con el pelo corto,
y dos niños con el pelo largo.

Dos comen chocolate dulce,
y otros dos, chocolate amargo.

Una niña que celebra el Mawlid an Nabi,
y un niño que cena potaje de rellenos.

Una niña que se come doce uvas,
y otra que espera ver volar a los renos.

Un niño que va en silla de ruedas,
y una niña que viste solo de blanco.

Otro que se esconde en las rosaledas,
y un niño que lee sentado en un banco.

Dos niñas que llevan siempre gafas,
y un niño que tiene los ojos color miel.

Un niño con pelos en los brazos,
y una niña con tres lunares en la piel.

Dos niñas con el pelo alisado,
y dos con el pelo muy rizado.

Un niño que no comía mango,
y otro que se ponía morado.

Aparte de toda esta variedad,
hay mucha más pluralidad,
desde el colegio hasta la universidad.

Así es, como ya sabéis, la diversidad.

En esta historia podemos ver
que la diversidad es muy frecuente,
y es lo que nos hace tener
una clase normal y corriente.

EL JARDÍN DE LA DIVERSIDAD

En nuestra aula, cada niño y cada niña es como una flor única en un jardín. Al igual que en nuestra clase, el mundo está lleno de personas diferentes. ¿Puedes pensar en las maneras en que eres único o única y cómo eso te hace especial?

Nuestros amigos pueden ser muy diferentes a nosotros, pero cada uno aporta algo especial. ¿Qué has aprendido de un amigo o una amiga que sea diferente a ti? ¿Cómo te hace sentir esa diferencia?

A veces, podemos sentirnos diferentes o solos, pero recordar que cada persona tiene su propio valor. ¿Alguna vez te has sentido diferente? ¿Cómo te ayudaron los demás a sentirte aceptado?

El respeto y la amabilidad son como el agua y el sol para las flores en nuestro jardín de diversidad. ¿Cómo puedes mostrar respeto y amabilidad a los demás en tu día a día?

Recuerda, cada uno de nosotros aporta algo especial a este mundo, y juntos, como un jardín lleno de diferentes flores, hacemos del mundo un lugar más colorido y hermoso.